YVES LE STANC

Chansons de la Vague

PREMIÈRE SÉRIE

CHANSONS
DU FLOT
LE LONG DES GRÈVES

ÉDITIONS SPES, 17, RUE SOUFFLOT, PARIS

CHANSONS DE LA VAGUE

par Yves LE STANC

PREMIÈRE SERIE

Chansons du Flot le long des Grèves

" Editions Spes "
17, Rue Soufflot, Paris (Ve)

1925

DU MÊME AUTEUR :

Chansons des gâs d'Arvor.

1re Série. — *Chansons de la Lande en fleurs.*
2e Série. — *Chansons des « Promis » bretons.*
3e Série. — *Chansons et Refrains d'un Barde.*
4e Série. — *Devis et Chants du Coin de l'Atre.*
5e Série. — *Chansons d'Exil et du Pays.*

Chansons de la Vague.

1re Série. — *Chansons du Flot le long des grèves.*
2e Série. — *Chansons des Rocs et des Embruns.*
3e Série. — *Chants de la Brume et des Banquises.*
4e Série. — *Chansons du Large et de la Côte.*
5e Série. — *Chansons du Vent sur la Falaise.*

Chansons des Humbles.

1re Série. — *Chansons de mon Village.*
2e Série. — *Chansons de ma Chaumière.*
3e Série. — *Chansons de Jean Belle-Humeur.*
4e Série. — *Chansons de Jean Misère.*
5e Série. — *Chansons des Mains Calleuses* (en préparation).

Chansons de ma Paroisse.

1re Série. — *Chants du Chrétien.*
2e Série. — *Chansons apologétiques.*
3e Série. — *Bloc-Notes.*
4e Série. — *L'Heure Triste.*
5e Série. — *Le Réveil Catholique.*

Chants de Bataille et d'Épopée.

1re Série. — *Chansons de Jean Chouan.*
2e Série. — *Chansons d'un Combattant* } de la Grande Guerre 1914-1918.
3e Série. — *Chansons d'un Combattant* } de la Grande Guerre 1914-1918.
4e Série. — *Chansons d'un Combattant* } de la Grande Guerre 1914-1918.
5e Série. — *Chansons d'un Combattant* } de la Grande Guerre 1914-1918.

N. B. — Chaque série comporte de 15 à 20 chansons et poèmes d'Yves Le Stanç.

PRÉFACE

Chantée, en tous les temps, par de nombreux poètes
Qui, tour à tour, ont dit ses calmes, ses tempêtes,
Sa sauvage grandeur,
La Mer n'a jamais vu se grouper autour d'elle,
Empressés à lui rendre un hommage fidèle,
Tant d'amants pleins d'ardeur.

L'un, en termes émus, a vanté la tendresse,
La douceur, la bonté de sa belle maîtresse
Aux yeux mystérieux ;
L'autre, en vers éclatants, a chanté la tourmente,
Ses caprices soudains, ses colères d'amante,
Ses transports furieux.

Et moi, rimeur obscur, rimailleur, pour mieux dire,
Qu'un si noble sujet devrait bien interdire
Emouvoir et troubler,
Après tous ces auteurs, favoris du Parnasse,
J'ose, présomptueux, empli de folle audace,
Venir vous en parler.

Mais j'aime tant la Mer que j'ai voulu décrire
Les divers sentiments que son aspect m'inspire :
Tendresse, aversion,
Sûr que vous daignerez, pour moi pleins d'indulgence,
Des strophes qui vont suivre excuser l'indigence
Et l'imperfection.

Car si, vous dépeignant la Mer capricieuse,
De mes vers, quelquefois, la rime est vicieuse,
Le sens mal exprimé,
Si d'autres l'ont chantée de façon plus savante,
Je puis vous l'affirmer, et, bien haut, je m'en vante,
Nul ne l'a plus aimé!

Janvier 1903.

Yves Le Stanc.

AIMES-TU LA MER ?

Musique d'Yves Le Stanc

II

Séduit par la vague enjôleuse
Au bruit charmeur, ton fiancé
En février, brune fileuse,
Sur les flots verts s'est élancé.
Puisqu'elle t'a pris ton promis si fier,
Aimes-tu la mer ?

Il est bien vrai que la sirène,
Là-bas, bien loin, très loin, entraîne
Celui qui règne sur mon cœur,
— M'a dit la gentille Bretonne ; —
Mais elle va, voici l'automne,
Le ramener riche et vainqueur.

III

Elle a pris ta barque légère
Et, sur le roc la projetant,
Un soir d'octobre la mégère
L'a disloquée en un instant.

Puisqu'elle a voulu te meurtrir la chair :
Aimes-tu la mer ?

Elle s'est, un beau soir d'orage,
Mise en colère, et, dans sa rage,
A voulu me rompre les flancs,
— Dit le pêcheur ; — mais, vingt années,
De ses largesses spontanées
J'ai pu nourrir mes douze enfants !

IV

Je ne puis te voir sans surprise,
Auprès d'elle traîner tes pas,
Bonne vieille à la tête grise
Dont elle prit l'homme et les gâs.
Pourquoi la fixer de ton grand œil clair :
Aimes-tu la mer ?

Oh ! oui, je l'aime, — dit la veuve, —
Par elle j'ai connu l'épreuve,
J'ai dû prier, pleurer, gémir ;
Et, puisqu'à ma famille entière
Elle a servi de cimetière,
Sous ses flots j'aimerais dormir !

AU MURMURE DES FLOTS

Musique d'Yves Le Stanc

II

Au murmure des Flots, dont la voix, douce ou grave
Évoque des espoirs ou cause des chagrins

Se mêle, tout le jour, le choc sourd de l'étrave
Qui trouble ou qui ravit le cœur de nos marins.
Au murmure des Flots
Vivent les Matelots !

III

Au murmure des Flots dont la voix furieuse
Rappelle, dans la nuit, les hurlements des loups,
Répondent les clameurs d'une foule anxieuse
De mères tout en pleurs et d'enfants à genoux.
Au murmure des Flots
Meurent les Matelots !

ENDORS MES REGRETS !

Musique d'Alexandre Plantard

II

Au ciel scintille l'Étoile
Ange gardien du nocher.
Daigne conduire sa voile
    Bien loin du Rocher.
O Mer, montre-toi sereine
A l'esquif de nos Marins,
Et, de ta voix de Sirène,
Apaise leurs gros chagrins !

Au Refrain.

III

Toi, dont la rude colère
A causé tant de douleurs,

Sois, aujourd'hui, tutélaire
    Et sèche mes pleurs.
De celui qui se lamente
Observe le front pâli :
A mes peines sois clémente,
Et viens me verser l'Oubli !

Au Refrain.

LE GOÉLAND

Musique d'Yves Le Stanc

II

Comme un aigle royal tu planes dans la nue,
Majestueux et fier,
Puis, comme un trait d'archer, ta prise reconnue,
Tu plonges dans la mer.

III

Quand tu rases les flots de ton aile argentée,
Poussant des cris joyeux,
L'écume de la mer, par la brise emportée,
Te dérobe à nos yeux.

IV

Vers les touffes d'ajoncs tu fuis à tire-d'aile
Et le fier matelot,
Préférant tes ébats à ceux de l'hirondelle,
T'admire au ras du flot.

V

Autour de nos vaisseaux viens voltiger sans trêve
Pour garder au nocher
L'amour des braves cœurs qu'il voit toujours, en rêve,
Au pied de son clocher !

ILS SONT PARTIS !

Musique d'Yves Le Stanc

II

Les « tout petits », sur la plage,
Courent, rieurs et joyeux,
Et maintenant au village
Il ne reste que les vieux.
Tous sont gais : la pêche donne !
Leur détresse va finir,
Et chacun d'eux s'abandonne
A rêver de l'avenir !

Au Refrain.

III

Mais, si l'Océan sauvage,
Trop prompt à se courroucer,
Contre les rocs du rivage
Allait, demain, s'élancer,
Leur Bonheur, oiseau frivole,
Qui s'approche en un clin d'œil
Et, subitement, s'envole,
Céderait la place au Deuil.

Au Refrain.

A Monsieur J. de THÉZAC

JE SUIS LA TEMPÊTE !

I

De nuages noirs couvrant mes épaules
Quand je me promène entre les deux pôles,
A pas de géant,
Je sens, sous mes pieds, vaciller la Terre,
Gémir les Forêts pleines de mystère,
Mugir l'Océan !

II

La Foudre et le Vent forment mon escorte !
Les humains, troublés, calfeutrent leur porte
Et, pleins de stupeur,
Vont chercher, d'un toit, l'abri tutélaire,
Pour laisser passer ma rude colère
Et cacher leur peur !

III

Pour marquer le Deuil que partout je sème,
Chaque sémaphore, à sa pointe extrême,
Porte un ballon noir,

Et jamais les Sœurs, non plus que les Mères,
Dont j'emplis les yeux de larmes amères,
Ne voudraient me voir.

IV

Car je prends les Fils ainsi que les Frères
De celles dont j'ai, parfois, pris les Pères
Ou bien les Époux...
Et tous sont tremblants et tous restent pâles,
Le gosier serré, le cœur plein de râles
Devant mon courroux !

V

Je suis l'Ouragan ! Je suis la Tempête !
Mon nom abhorré chacun le répète
Avec un frisson,
Et j'aime à venir dans les nuits très sombres,
Alors que la Terre est couverte d'ombres,
Hurler ma chanson !

VI

Docile à ma voix la Vague se gonfle !
Terrible et sinistre elle gronde et ronfle
Autour des Vaisseaux

Dont les mâts d'acier, sous ma rude haleine,
Se courbent, ainsi que font dans la plaine
De faibles roseaux.

VII

A mon souffle noir la Barque chavire
Et l'humble Chaloupe ou le grand Navire
Et leurs Matelots,
Mousses ou Gabiers, vaillants Capitaines
Partis, en chantant, des rives lointaines,
Glissent sous les flots.

VIII

Je ris de les voir ! Mon cœur se dilate
Lorsqu'au fond du ciel le Tonnerre éclate,
Lorsque les éclairs
Viennent embraser la Mer en furie,
Lorsque, par milliers, des cris d'agonie
Déchirent les airs !

IX

Car c'est moi qui suis le Tyran des Ondes !
Sur les Flots fougueux qui baignent les mondes

Je règne en tous lieux!
Nul, dans l'Univers, ne peut me soumettre
Hormis le Seigneur, mon Roi, notre Maître,
Le Maître des cieux!

A Joa PARKER

LE LONG DES GRÈVES

Musique d'Yves Le Stanc

II

Lorsque grandissent les enfants.
Quand les gâs sont devenus mousses,
Chaque soir, fiers et triomphants,
Ils s'en vont promener leurs « douces ».
Au clair de lune les amants
Échangent des paroles brèves,
Font des projets ou des serments,
Le long des grèves.

III

Trente ans après, les amoureux
D'abord époux, puis père et mère,
Sous les coups du sort rigoureux
Ont vu fuir plus d'une chimère.
Mais, dans les jours où le chagrin
Et la douleur signent des trêves,
Ils vont encor, le front serein,
Le long des grèves.

IV

Un jour enfin, lorsque l'Ankou
Veut, brutal, terminer leur vie,

Et les enlever tout à coup
Dans sa fureur inassouvie,
Il les fait, par le flot mutin,
Entraîner au « Pays des Rêves »
Et jette leur corps un matin
Le long des grèves.

LA MER

I

Parfois, sous un ciel pur, les yeux emplis de rêve,
Errant, sans but précis, j'ai parcouru la grève
Au sable d'argent fin,
Écoutant, de la Mer, l'éternelle romance,
Le bruit mystérieux la mélopée immense,
Le murmure sans fin.

II

Et, ravi, j'admirais la Vague caressante
Qui venait, lentement, régulière, incessante,
Sur les bords se briser,
Souple ainsi qu'un gros chien gourmandé par son maître,
Accourant, à ses pieds, se coucher, se soumettre
Afin de l'apaiser !

III

A voir ainsi la Mer calme et majestueuse,
J'oubliais que, souvent, c'est elle la « Tueuse »
De nos bons Matelots.

Et qu'elle emplit alors nos paisibles chaumières
De grincements de dents, de larmes, de prières,
De cris et de sanglots !

IV

Car je l'ai vue aussi, farouche, mugissante,
S'élancer jusqu'aux cieux, colère, frémissante
Aux jours de sa fureur,
Briser, pulvériser le granit des rivages,
Et, de sa rude voix aux grondements sauvages,
Semer partout l'horreur !

V

Oui, j'ai vu l'Océan, ce sournois redoutable,
Changé par la Tempête en monstre épouvantable,
Happer en un clin d'œil,
Pour les jeter plus tard, broyés, sur quelque plage,
Des Barques, des Pêcheurs, plongeant tout un village
Dans l'Angoisse et le Deuil !

VI

Alors, le cœur serré de crainte et d'épouvante.
Je projetais le poing vers la tombe mouvante

De nos pauvres marins,
Vers cette lâche Mer, dont les fréquentes rages
Ont provoqué, chez nous, tant et tant de naufrages,
Tant et tant de chagrins.

VII

Et je la maudissais pour son ignominie !
Puis, tout bouleversé par les cris d'agonie
Que j'avais entendus,
Je répétais : O Mer impitoyable, atroce,
Hier si caressante, aujourd'hui si féroce,
Non, je ne t'aime plus !

VIII

Mais si, le jour suivant, inconstante et volage,
Redevenue aimable elle baisait la plage
Reprenant son fredon,
J'oubliais ma colère, et, contrit devant elle,
C'est moi qui m'abaissais et qui, de la cruelle,
Implorais le pardon !

PRENEZ GARDE, MATELOTS !

Musique d'Yves Le Stanc

II

Balancés par la Vague douce,
Depuis le patron jusqu'au mousse

Tous les pêcheurs sont satisfaits :
La Mer, souvent inexorable,
Leur est, aujourd'hui, favorable
Et les comble de ses bienfaits !

III

De gaîté leur front s'illumine !
« Demain, dans notre humble chaumine,
Disent-ils, on n'aura plus faim,
Car la fortune fait risette
Et, bientôt, pour nous, la disette
Des mois d'hiver va prendre fin. »

IV

Matelots naïfs, prenez garde
A l'enjôleuse qui regarde
Avec ses beaux yeux transparents !
Au lieu d'exalter sa tendresse
Souvenez-vous que la « traîtresse »
Prit, autrefois, vos bons parents !

V

Trompés par la sinistre « gueuse »
Un soir, sous la vague fougueuse,

Ils sont disparus, sans retour !
Craignez, dès lors, que la sirène
Ne se fasse aimable et sereine
Que pour vous perdre à votre tour !

RÊVERIE

Musique d'Yves Le Stanc

-son En moi, pauvre mor-tel ta grandeur in-fi-

II

C'est un hymne d'amour et de reconnaissance
De mon cœur attendri par tes nombreux bienfaits,
Un cri de foi sincère, un vœu d'obéissance
De mon esprit docile à tes desseins secrets.
Brûlant de me soumettre à ton Vouloir suprême,
Courbant, très bas, le front devant ta Majesté,
Je t'adore, confus de ma faiblesse extrême,
O Maître de l'Espace et de l'Éternité !

LE ROULIS

Musique d'Yves Le Stanc

II

Le marin aime la Brise
Dont l'énerve et dont le grise
Le gazouillis;
Mais il craint l'eau qui ruisselle
Sur le pont, quand sa nacelle
Danse au Roulis!

III

Souvent, fort loin de leurs mères,
Aux fils, les Vagues amères
Ont fait des lits.
Ils se sont éteints, sans râles,
Et la Mer les berce, pâles,
En son Roulis !

IV

Aussi, pendant la Tempête
Tu courbes très bas la tête
Et tu pâlis,
Femme, dont le Fils, le Frère,
Ne peut, hélas ! se soustraire
Au dur Roulis.

V

Et c'est pourquoi, Fiancées
Qui consacrez vos pensées
Aux gâs jolis,
Vous êtes, aussi, tremblantes
Quand vous regardez, dolentes,
L'amer Roulis !

SUR L'EAU

Musique d'Yves Le Stanc

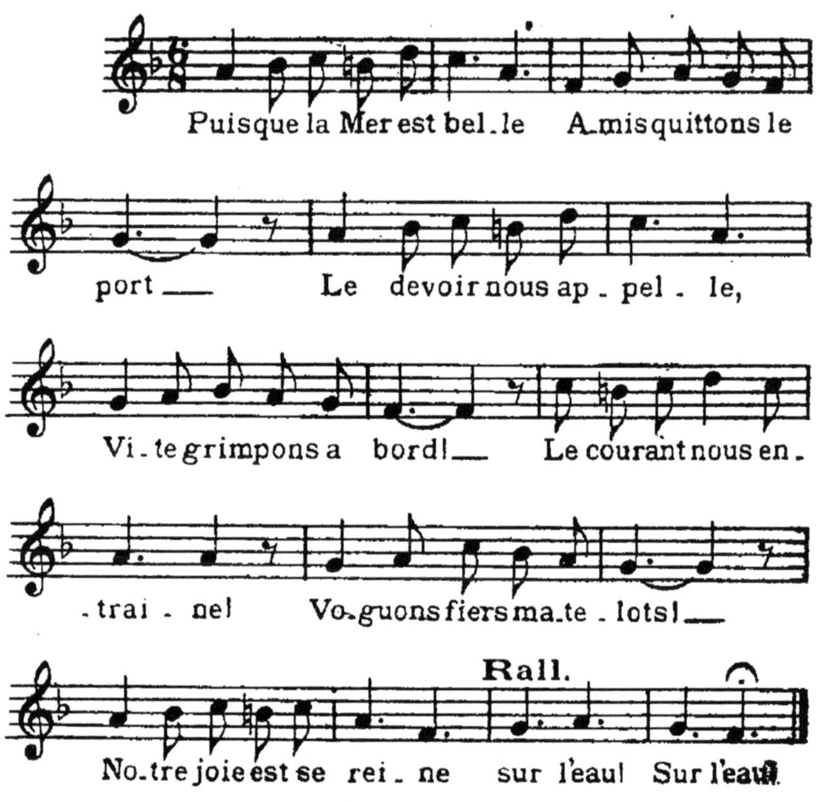

II

Profitons de la Brise
Plus fraîche en ce moment !
L'air nous fouette et nous grise

Et nous pouvons vraiment
Tendre toute voilure
Et, bercés par le Flot,
Filer à grande allure
Sur l'eau !

III

Si l'Aquilon s'élève
Amis, veillons au grain,
Et voguons, vers la grève,
Sans souci de l'embrun.
Tenons tête à l'orage,
Car un fier matelot
Ne perd jamais courage
Sur l'eau !

IV

Si le temps est trop sombre
Nous rallierons le port
Et les vagues, sans nombre,
Viendront par-dessus bord.
Faisant des embardées
A couvrir le dallot
Nous courrons des bordées
Sur l'eau !

V

Et lorsqu'enfin les Parques
Auront compté nos jours,
Dans l'onde, sous nos barques,
Nous irons, pour toujours !
La demeure dernière,
Pour un bon matelot,
Et son vrai cimetière
C'est l'eau !

LES TOUT-PETITS

Musique d'Yves Le Stanc

Moderato

A ma-rée hau-te ce ma-tin

Nos pères ont quit-té la ra-de, Pour aller pêcher,

au lointain, Le thon, le congre ou la do-ra-de.

Quand nous se-rons grands, sur les flots,

A-vec eux nous fui-rons la Ter-re Nous serons,

aus-si, ma-te-lots! Dans nos lits clos pleins

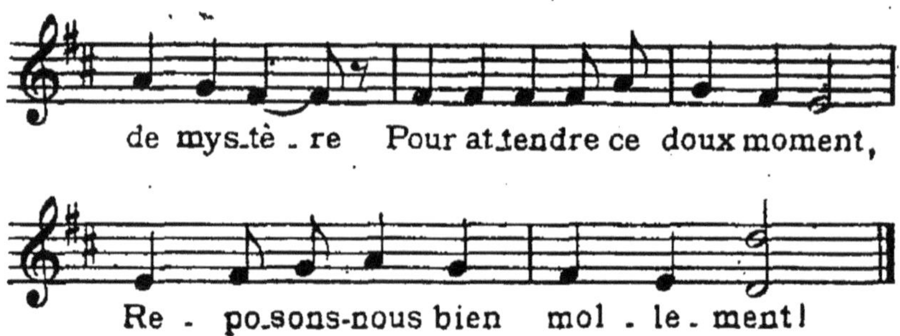

II

Sans nul chagrin, sans nul souci,
N'allant pas encore à l'école,
Chacun de nous, gaîment, ici,
Court à son gré, puis caracole.
Nous serons plus tard studieux,
Et plus d'une ride profonde
Creusera nos fronts radieux.
Avant que les ennuis du monde
Effleurent notre front charmant
Amusons-nous joyeusement!

III

Sur les quais, nous passons nos jours
Dans les canots, dans les chaloupes,
Mais nous ne serons pas toujours
Les « tout petits » jouant par groupes,
Et bien des cœurs se serreront
Lorsque, hélas! les Vagues amères

Tout là-bas nous emporteront !
Pour ne pas affliger nos mères
Tremblantes de nous voir grandir,
Ne parlons pas de l'avenir !

LES VEUVES DE LA MER

Longtemps, sur le vieux port, vous viendrez vous asseoir,
O femmes de marins que Dieu voue aux épreuves ;
Ils ne reviendront jamais ; vous êtes veuves !

Pierre Clésio.

Musique d'Yves Le Stanc

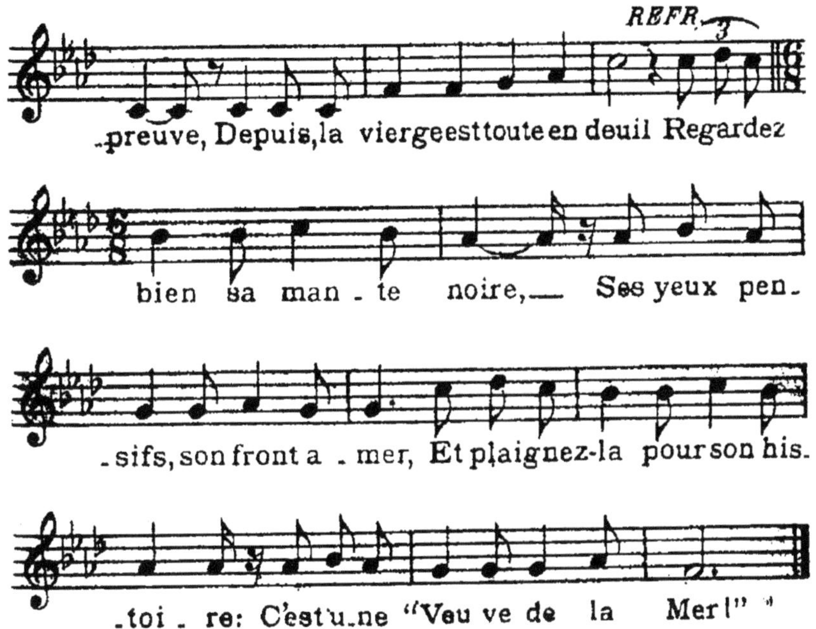

II

Cette Bretonne, accorte et fraîche,
Épouse d'un pêcheur vaillant,
Dans un taudis, presqu'une crèche,
Vivait heureuse, en travaillant.
Un soir d'avril, avec courage,
Loïc partit, fier et content,
Mais, dans la nuit, survint l'orage :
Depuis, la femme en vain l'attend !

Au Refrain.

III

Cette grand'mère au teint de cire
Après son « homme » a vu ses fieux,
Broyés par la vague en délire
S'engloutir là, devant ses yeux.
Elle en resta quasi démente,
Et va, depuis, le cœur meurtri,
Dans le fracas de la tourmente
Cherchant ses fils et son mari !

Au Refrain.

LA VOIX DES FLOTS

Musique d'Yves Le Stanc

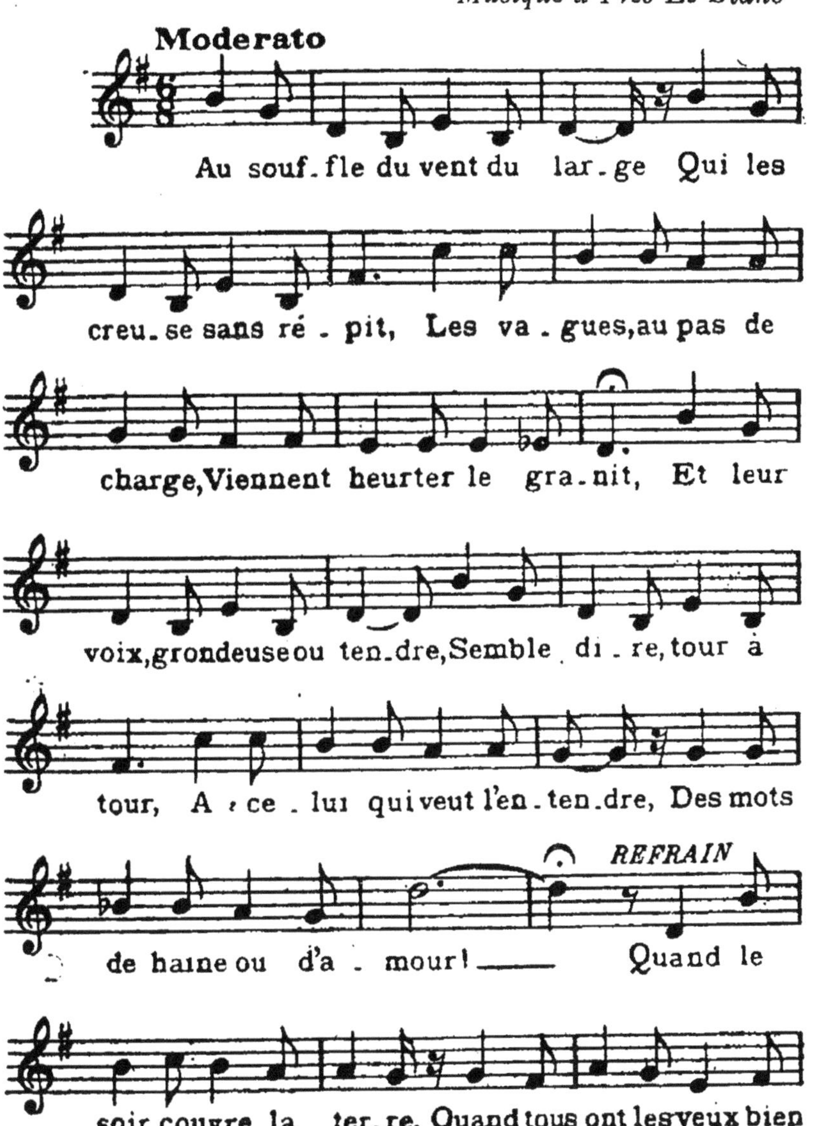

II

Quand la mer calme et sereine,
N'a pas de plis onduleux,
C'est la voix d'une sirène
Qui s'élève des flots bleus.
Et la douce voix de rêve
Charme le cœur angoissé
De celles qui, sur la grève,
« Espèrent » le fiancé !

Au Refrain.

III

Quand les vagues sont amères
Et se brisent sur l'écueil,
Elles font trembler les Mères
Sous leurs vêtements de deuil.

Leur voix farouche et terrible,
Vient aux cœurs endoloris,
Rappeler la nuit horrible
Où leurs hommes sont « péris ».

Au Refrain.

IV

Mais qu'elle soit caressante
Ou provoque des sanglots,
Moi, j'aime la voix puissante,
La sublime Voix des Flots.
Plus que celle de la Brise,
Ou des Blés d'Or frémissants,
Elle me berce et me grise
De ses magiques accents.

Au Refrain.

TABLE DES MATIÈRES

Chansons du Flot le long des Grèves

Les Chansons de la Vague, d'Yves Le Stanc

se composent des œuvres suivantes :

1re Série. — *Chansons du Flot le long des grèves.*

(Voir nomenclature p. 46 du présent recueil.)

2e Série. — *Chansons des Rocs et des Embruns.*

1. Mais j'aime mieux !
2. L'ancien.
3. Au goémon.
4. Cantique à sainte Anne.
5. Chanson des Vagues.
6. Chanson du Douanier.
7. Chanson du Phare.
8. Chant du Petiot.
9. Cognez, Calfats !
10. Evrant, Chasseur Maudit.
11. Graine de Mousse.
12. La grand'mère.
13. J'ai lu dans tes yeux !
14. Mathurin, buveur corrigé.
15. Rêve de barde.
16. La Voix du Remords.

3e Série. — *Chants de la Brume et des Banquises.*

1. L'Islande !
2. Angoisse.
3. Chanson de la « Douce ».
4. Hale ligne !
5. Maryvonne.
6. Péri en Islande !
7. Soupirs des Islandais.
8. Adieu, Terr'neuvâs !
9. Aux familles des disparus.
10. Compl du Terr'neuvas.
11. En doris.
12. Mon mat'lot !
13. Partons, Terr'neuvas !
14. Petit gravier.
15. Premier Voyage.
16. Les Terr'neuvas.

4e Série. — *Chansons du Large et de la Côte.*

1. L'adieu du Marin.
2. L'adieu de la Fiancée.
3. Les Cols Bleus.
4. Dans son hamac.
5. Le lavage du pont.
6. A l'Abordage !
7. Chanson des Corsaires.
8. L'Intrépide.
9. Ce qui reste de lui.
10. Chante, Matelot !
11. Cœur de Mère.
12. En voguant.
13. Nostalgie.
14. Ohé ! Timonier !
15. Un homme à la mer.
16. Vire au Cabestan !

5e Série. — *Chansons du Vent sur la Falaise.*

1. Sur la falaise.
2. Au gré du vent.
3. La baigneuse.
4. Chanson du Retour.
5. Escapade.
6. L'enjôleuse.
7. L'enfant noyé.
8. Femme de marin.
9. La grève aux enfants.
10. Lamentations.
11. Maman Quimper.
12. Retour de Chine.
13. Le Rêve d'Yvonin.
14. Satané temps !
15. Sous mon vieux toit.
16. Le Vent grondeur.

www.ingramcontent.com/pod-product-compliance
Ingram Content Group UK Ltd.
Pitfield, Milton Keynes, MK11 3LW, UK
UKHW022141170726
13837UKWH00004B/1699